AF500539

L27 n
41600

MES

SOUVENIRS

PAR

Mlle LAURE NORMAND

EN VENTE :

CHEZ L'AUTEUR ou A L'IMPRIMERIE

VICTOR THISE

96, rue de Maubeuge, 96

PARIS

MES

SOUVENIRS

MES

SOUVENIRS

PAR

Mlle LAURE NORMAND

IMPRIMERIE - TYPOGRAPHIE
VICTOR THISE
162, Faubourg Saint-Denis, 162
PARIS

PRÉFACE

7 Novembre 1892.

Ce que je vais écrire ici, n'est pas un roman, mais une histoire vraie. Tous les détails qui s'y rattachent sont de la plus stricte exactitude.

J'écris ceci sans autre but que la satisfaction de ma conscience, l'honneur de la religion que je professe, la reconnaissance infinie que je dois à Dieu pour la façon toute particulière dont il m'a protégée dans tous les moments difficiles de mon existence.

Mes parents et moi avons été si souvent calomniés que je crois rendre hommage à leur mémoire en entrant dans le détail de certains faits qui vont se dérouler dans le courant de mon récit.

Toutes les personnes honorables qui s'y trouvent mêlées pourront garantir l'authenticité de tout ce que j'avance, la plupart sont encore de ce monde, celles qui n'existent plus ont laissé des traces de leur passage, les unes bonnes les autres mauvaises.

Je passerai brièvement sur le mal qu'elles ont essayé de me faire, car j'ai pour principe de ne juger personne. Nous ne sommes que des instruments dans les mains de la Providence et j'ai toujours cru que les méchants ont été créés pour faire ressortir les vertus des bons.

Les gens du monde me prendront sans doute pour une personne très-habile, pour m'être le plus souvent tirée avec avantage des difficultés sans nombre que j'ai rencontrées sur ma route. Avec l'aide de Dieu je les ai toutes vaincues, et je puis dire ici en la sincérité de mon âme, que je n'ai jamais causé un préjudice à personne, j'ai été souvent la victime des autres, personne n'a été la mienne. Je n'ai eu pour guide dans la vie que la droiture de ma conscience et les inspiratons que la Providence a toujours proportionnées aux besoins que j'en ai eu.

Depuis que je suis à Paris j'y ai toujours été ignorée tout entière à mon travail et aux nécessités de ma position.

Quoique animée des plus profonds sentiments religieux je me suis abstenue volontairement de m'adresser à un prêtre, je ne connaissais personne, et si j'entre ici dans ces détails c'est pour répondre à des calomnies, dont j'ai fait peu de cas à la vérité, mais qui m'ont été très sensibles, car je me sentais attaquée dans tous ce que j'ai de plus cher : ma religion.

J'ai parlé pour la première fois le 4 Novenbre à un prêtre de Paris, vicaire à Saint-Vincent-de-Paul, M. l'abbé Tischbauer. Je le connaissais de vue depuis que j'habite le quartier c'est à dire dix à onze ans environ.

Je lui ai dit beaucoup de choses en peu de mots, m'a t-il entendue, m'a t-il comprise, je l'ignore.

Ce prêtre me semble doué d'une activité dévorante, j'ai entendu dire que c'était un ancien officier de dragons ; je ne sais si ce renseignement est exact, toujours est-il qu'il me semble mener tout militairement, et je le crois capable de confesser beaucoup de monde en peu de temps.

J'ai donc rempli mes devoirs religieux, puisse cette bonne action m'aider à expliquer clairement tout ce que j'ai à dire ici.

Ces quelques réflexions sont pour servir de préface à l'exposé de mon récit, je vais être obligée de remonter le cours des années, je me hâte de le faire, alors que mes souvenirs sont encore très précis et que j'ai entre les mains les pièces qui sont nécessaires à la clarté de mon récit.

Je ne sais encore à qui je dédierai Mes Souvenirs, pour le moment je les adresse à la mémoire de mes parents.

MES SOUVENIRS

PAR

MLLE LAURE NORMAND.

CHAPITRE PREMIER

Comme la plupart des femmes, je n'aime pas beaucoup à parler de mon âge ; mais la vérité m'oblige à dire que je suis née le 8 Août 1847, c'est donc en chiffres ronds 45 ans sonnés, que je supporte d'ailleurs assez allègrement, ayant encore le cœur jeune, le caractère gai que donne toujours le témoignage d'une bonne conscience.

J'ai à dire peu de chose de mon extrême jeunesse, mes souvenirs se rattachent à ce que j'ai entendu dire à mes parents : c'est que j'étais assez docile. Je me souviens du reste, n'avoir jamais été corrigée : nous étions peu gâtées chez nous et en somme mieux élevées que les enfants d'aujourd'hui.

On ne bronchait pas à table et aussitôt après dîner on nous envoyait au lit où nous ne tardions pas à nous endormir bercées par les contes de notre bonne grand'mère, qui s'enfuyait aussitôt que nous ne donnions plus signe de vie.

Mon père était chef d'Institution à St-Mandé, il avait épousé ma mère dans la même ville. Etant orpheline, elle était restée en pension jusqu'à son mariage. La révolution de 48 éclata peu de temps après ma naissance, mon père était officier d'Armement dans la Garde Nationale, il fit bravement son devoir aux barricades, il fut plusieurs fois porté à l'ordre du jour. Quand mes parents quittèrent St-Mandé, ce fut pour aller s'installer à Grenelle où ils restèrent quelques années ; après quoi, mon père demanda à retourner dans son pays, où il fut nommé principal du collège. Là, mes souvenirs sont très précis, j'avais alors 9 ans.

C'était donc en 1846, nous arrivions ma sœur et moi le jour de la Sainte-Catherine. A peine étions nous débarquées, qu'on vint nous prendre pour aller célébrer cette fête. Il y avait là plusieurs jeunes filles de la ville, une institutrice Mlle Anna ***. On voulait m'enrôler dans cette institution, mais mon père m'ayant promise à Mme Maurat, supérieure du couvent, j'entrai chez ces bonnes religieuses, qui étaient toutes fort âgées, je passai là trois années de ma vie, c'est-à-dire jusqu'à ma première communion; je remplis cet acte comme la plupart des enfants qui sont préparés par des personnes pieuses et dévouées et je me rappelle, détail touchant, quand je fus demander à mon père le pardon de mes fautes, il m'embrassa en pleurant et me dit : ma pauvre fille tu ne m'as jamais fait de peine. Je reçus la Confirmation des mains de Mgr Deprés, évêque de Limoges, il me donna même son portrait que je possède encore dans mes archives.

A la rentrée suivante, ma mère me mit en pension à St-Mandé dans la maison d'où elle était sortie pour se marier. La maîtresse de pension, Mlle Melon de Pradoue étant morte, la maison avait été rachetée par les dames de la Sainte Famille. Je passai là trois années de ma vie. Je me fais un devoir de rendre ici hommage à la bonne éducation, à l'instruction solide que donnent ces dames. Cette maison était parfaitement tenue et je dois certainement aux bons principes que j'ai reçu chez elles, d'avoir su me diriger dans la vie avec foi, avec honnêteté, d'après les bons principes qu'elles savaient donner à leurs élèves.

Mon premier chagrin à certainement daté du jour où je les ai quittées, trop tôt pour moi, pour l'achèvement de mon instruction et pour le charme que j'ai trouvé dans le séjour de cette sainte maison.

J'avais donc quinze ans quand je revins chez mes parents, je m'occupai des soins du ménage et je me mis à travailler à mon trousseau comme toutes les jeunes filles. J'avais un grand penchant pour les animaux, je comprenais leur langage, ils comprenaient sans doute le mien. Toujours est-il que j'en faisais des animaux modèles, intelligents et très dévoués à leur maîtresse, A l'âge de seize ans, je fis connaissance d'un jeune professeur plus âgé que moi de quatre ans à qui je fus fiancée. Là se place une fraîche idylle qui dura sept années. Pourquoi mon mariage ne s'est-il pas fait, la dernière lettre que je reçus de lui, semble l'expliquer. Je la transcris ici mot pour mot n'y trouvant rien qui lui fasse déshonneur :

M........ le 5 Janvier 1892

Mademoiselle,

*J'arrive de N*** où m'avait appelé une grave maladie de ma mère, et je n'avais pas besoin des malheurs qui depuis un an me frappent coup sur coup pour savoir à combien de misères il faut s'attendre dans l'existence.*

Vous y mettez le comble: soit — je vous avais fort nettement avertie que les projets que je formais ne se réaliseraient qu'à partir du jour où je serais agrégé. Jamais je n'aurais consenti à vous faire partager une situation plus que modeste de 2200 francs.

Vous penserez si vous le voulez, que c'était une prudence exagérée; c'était chez moi une résolution arrêtée depuis que j'avais assez d'expérience pour savoir ce que peut le bien-être intérieur pour le bonheur d'un ménage.

L'année qui vient de s'écouler m'avait complètement désorienté, je n'ai pas de peine à l'avouer parce que je n'y vois rien qui puisse, quoi que vous en disiez, m'y faire déshonneur Ma santé bien ébranlée par une campagne bien rude de six mois; l'interruption de mes études et le besoin de vivre, m'ont empêché de me présenter aux examens avec les chances que j'y eusse apporté un an plus tôt. J'ai été admissible et j'ai échoué. C'était un retard, et quand on a caressé un rêve si longtemps, vous comprendrez peut-être tout le désarroi que cet échec inflige à une âme peut-être trop ardente.

A cela se sont joints des malheurs de famille, un de mes beaux-frères est tombé en paralysie, un autre est mort subitement laissant à une de mes sœurs trois enfants en bas âge, et je suis le seul dans ma famille à qui incombent avec les fonctions de subrogé-tuteur, les charges de l'éducation de trois orphelins. Ma mère frappée par tous ces coups répétés, est tombée gravement malade. Elle est à peine en convalescence et l'un des poumons, fort compromis, au dire des médecins, excite toute notre inquiétude et ne nous fait prévoir que de nouveaux malheurs. Un frère de ma mère enfin, s'éteint aussi lui dans la paralysie, et chacune de ces nouvelles vient à tout instant m'abattre et m'attrister.

*Voilà quelle était ma situation. A chaque nouvelle que je recevais, je voyais un nouvel obstacle à la réalisation de projets depuis longtemps formés, ma situation pécuniaire à M*** en créait un nouveau. Je suis sans fortune, je n'ai que ma place et j'ai des charges fort lourdes, mais sacrées. J'ai pu hésiter à vous les faire connaître, par crainte de vous affliger vous avez employé des moyens extrêmes pour me contraindre à ces aveux, je viens de vous les faire ; j'ai du moins conscience, si j'ai été maladroit, de n'avoir manqué à aucun des grands principes que vous invoquez — C'en est fini maintenant pour moi de l'avenir que j'avais rêvé. De grands obstacles sont venus s'y opposer, vous en avez mis d'infranchissables en allant jusqu'à l'injure : je vous le pardonne. Je me consacrerai tout entier à des devoirs que j'aurais pu partager plus tard.*

Je ne puis vous envoyer vos lettres. En partant pour faire campagne, je les avais confiées à une de mes cousines qui connaissait mon secret, avec votre adresse pour qu'elle vous les renvoyât en cas de mort. J'aurais mieux aimé qu'elles vous parvinssent ainsi; je viens d'écrire pour les avoir et vous les aurez aussitôt après.

Je vous dis adieu, mais je vous estime assez pour croire que si vous avez jamais besoin d'un ami, vous penserez à

votre bien triste et bien respectueux

L. B***

Je versai à ce moment là d'abondantes larmes sur mes illusions perdues, je ne revis plus ce jeune homme j'ai su depuis qu'il occupe une brillante position dans un lycée de Paris, se consacrant tout entier à ses devoirs de famille comme il me le disait dans sa dernière lettre.

Ces divers événements se passaient aprés la guerre· Là, commence pour mon pére une ére de persécution de la part du maire de Magnac. Elle eût pour but ces haines de petite ville, d'élections, de luttes politiques.

Mon pére pour son malheur, eut la faiblesse d'accepter les fonctions de maire pendant la commune. De là, la haine de M. D*** qui succéda à mon pére comme maire de Magnac.

Il le dénonça comme républicain rouge, disant qu'il s'occupait de politique au détriment de l'administration de son collége, fit pleuvoir sur lui dénonciations sur dénonciations et le fit mettre en congé d'inactivité sans traitement. Mon pére réclama contre cette mesure inique, il lui fut alloué un traitement jusqu'à la liquidation de sa retraite. Cette persécution altéra violemment la santé de mon pére; il quitta cette maison qui était toute sa vie.

Il fut accusé de malversations et un jour en plein conseil municipal, le maire le traita de : Faiseur de dupes ». Il voulait rendre responsable mon pére d'une somme de 900 francs, je crois qu'il avait versée entre les mains de professeurs qui avaient fait leur devoir à l'armée. On fut obligé de nommer un arbitre pour juger leur différend. Il résulta de cette enquête que la ville était au contraire redevable à mon pére d'une somme de 300 francs. Cet échec du maire rendit sa haine plus vivace et l'on verra plus tard comment cette haine ne s'étant pas suffisamment assouvie sur mon pére, on la vit retomber sur moi avec tout le raffinement que la méchanceté humaine peut inspirer à un homme.

CHAPITRE II

8 Novembre 1892.

La ville de Magnac est transformée, son vieux collége est converti en caserne et les habitants attendent avec impatience une garnison qui doit redonner un peu de vie à cette humble cité. Toutes les personnes qui ont de vastes logements s'apprêtent à donner des chambres aux officiers. Nous habitons de moitié avec la propriétaire Mme D*** une immense maison, il fut convenu que chacun de nous louerait au moins une chambre à un officier.

Le premier qui arriva fut un officier de dragons, il vint huit jours avant les autres pour mieux choisir son logement. Il vint directement chez nous, ma mère lui montre sa chambre. A ce moment j'entrai ; il se leva tout d'une pièce pour me saluer. C'était un homme de haute taille qui portait parfaitement son costume de dragon. Il avait de fort belles moustaches, qu'il portait relevées de chaque côté de la bouche, pour laisser voir sans doute, des dents qui étaient d'une blancheur éclatante. Tout de suite son allure me plût, quelle est la jeune fille qui ne se laisse prendre au charme de l'habit militaire. Il me dit plus tard ; votre premier regard a été jusqu'au fond de mon âme. Je me suis toujours imaginé que ce fût ce regard qui le retint parmi nous. Le même jour il entrait en possession de son logement.

Huit jours après, toute la garnison arrivait, c'était une partie du 138e de ligne. Un autre officier, M. R***, vint prendre un logement chez M. D***. Voilà comment Mlle Julia et moi entrâmes à pleines voiles dans le roman de notre existence.

Nous passions souvent la soirée chez M. D*** en compagnie de ces messieurs. On faisait de la musique, on dansait quelquefois, on mangeait les marrons de Mme D*** et l'on se séparait après avoir fait la prière en commun.

Tout cela se passait très innocemment du reste, on chantait parfois les romances du répertoire, telles que : Rappelle-toi — le Soir ; cette dernière fut surnommée le triomphe de Mlle Laure. Tout cela nous conduit à un moment où M. X*** partit pour faire le recensement des chevaux. Il faisait partie d'une commission de remonte et avait été envoyé à Magnac pour cela. Cette absence dura deux mois, pendant lesquels il revint quelquefois, notamment à Noël et au Jour de l'An. Il m'écrivit quelques petits billets qui me furent remis par M. R**. Il fut entre nous question de mariage, les choses ne semblant pas pouvoir s'arranger, on me dit que nous ne pouvions pas rester dans la même maison.

Je savais M. X* fort susceptible et je n'aurais voulu pour rien au monde qu'on lui dit de quitter la maison; j'aimai mieux partir. Un matin je vins trouver ma mère et je lui dis que j'étais décidée à m'en aller. On écrivit à ma sœur qui habitait Brest et il fut décidé que je partirais.

Je n'essaierai pas à peindre la tristesse de ce long voyage. Je fus obligée de coucher à Poitiers et quand je me vis dans cette chambre d'hôtel, je crus que j'allais y mourir; j'ai dû perdre connaissance, enfin j'eus la force de m'habiller et j'attendis l'heure du départ.

J'arrivai à Nantes à minuit et ne pus repartir qu'à six heures du matin.

Arrivée à Brest, je trouvai mon beau-frére et ma sœur qui m'attendaient. Ils furent très dévoués pour moi et mirent tout en œuvre pour me distraire. N'y parvenant pas, mon beau-frère me dit un jour : Puisque rien ne vous change, essayez des consolations de la religion. On s'informa d'un directeur et je fus adressée au père Morvan. Ce bon père écouta patiemment le récit de toutes mes misères, il me parlait comme à une enfant malade et à tout me répondait : *Ma pauvre enfant, le bon Dieu arrangera tout cela.* Je passai bien là les plus tristes moments de mon existence, je me sentais assaillie de peines intérieures si violentes que je n'avais plus qu'un désir, celui de mourir; je faisais tout pour me rendre malade et je n'ai jamais eu un moment de souffrances physiques. Toutes les fois que nous allions sur le bord de la mer, c'était avec le désir de m'y jeter, je restais toujours en arrière afin de saisir le moment propice. Mon neveu qui avait alors trois ans, me surveillait sans cesse, tournant la tête à chaque instant il me disait : Fais donc attention, tante Laure, tu vas tomber dans la mer. Une autrefois n'y tenant plus, je voulus profiter d'un moment d'absence de ma sœur pour m'en aller seule me jeter dans quelque coin obscur, d'où l'on ne pourrait pas me tirer. J'avais pris mon chapeau, mon manteau, Ferdinand m'empêchait de sortir, me fermant la porte : Reste dans ton salon, tante Laure, me disait-il et il poussait toujours la porte. Le temps qu'il me fit perdre, fit que ma sœur revint et je remettais toujours au lendemain. Je me trouvai si misérable d'avoir de pareilles idées, je pensais à ce qu'éprouveraient mes parents si un semblable malheur était arrivé.

J'allais presque tous les jours trouver ce bon père et je lui racontais toutes mes peines, il me disait invariablement : *Le bon Dieu vous garde.* Il me faisait communier tous les jours, je lui disais : *Mon père, j'offense le bon Dieu* ; il me répondait : *Allez toujours, mon enfant, je le prends sur moi.* Je partais souvent à cinq heures du matin et je restais à la chapelle jusqu'au moment de rentrer pour le déjeuner d'onze heures.

Je lui disais souvent : *Mon père, je sens que je deviens folle. Mais non, ma pauvre enfant,* répondait-il, *je trouve au contraire que vous raisonnez parfaitement.* Mon beau-frère m'en disait autant ; je ne dormais qu'une heure par nuit, je mangeais à peine et rien ne me rendait malade.

Je voulais retourner chez moi, mon beau-frère voulut que je restasse quelque temps encore pour la saison des bains de mer. On avait écrit à ma mère de m'envoyer des vêtements d'été et le jour où nous recevions la caisse qui les contenait, une dépêche vint qui nous annonçait la mort de mon père. Nous partîmes en toute hâte, ma sœur et moi, enmenant Ferdinand.

On nous attendait pour l'enterrement, nous arrivâmes assez à temps pour faire un dernier adieu à notre pauvre père.

Le dimanche il avait encore été à la messe et le mardi matin il s'éteignait, assisté de M. le Curé Rougerie qui lui ferma les yeux.

Mon père ne voulait pas que je revinsse tant que M. X* serai là. Il partit le dimanche et le mardi matin mon père n'était plus.

Quelques jours après ma mère me remit une lettre de M. X*, qu'il lui avait fait promettre de me remettre à mon retour. Cette lettre je la transcris ici pour la clarté de mon récit.

14 Mai, 1875

« *On m'a remis le billet que vous avez eu l'obligeance de*
« *m'écrire, mademoiselle, et on m'a communiqué les quelques*

« *paroles que vous glissiez dans vos lettres à mon intention. Je* « *n'ai jamais cherché à vous répondre, parce que l'amertume* « *dont mon cœur était plein aurait débordé malgré moi, et j'ai* « *préféré ne rien vous dire afin de ne pas augmenter votre dou-* « *leur. En ce moment le passé est loin, car il me semble qu'il y* « *a un siècle que vous êtes partie et les blessures sont cicatrisées.* « *Je puis donc vous écrire sans crainte d'être injuste envers vous,* « *car je suis calme et les évènements se présentent à moi sous un* « *aspect moins sombre* ».

« *Il est inutile, je pense, de vous parler de mon retour à* « *Magnac ; vous devez vous représenter ce que souffre celui* « *auquel une personne aimée avait fait la promesse de rester et* « *qui trouve la maison vide. Au bout de quelques jours, la réac-* « *tion s'est opérée, et le sentiment qui dominait en moi, c'était la* « *colère : oui, la colère, presque la haine ; je suis arrivé à vous* « *détester après la lecture de ce maudit billet, par lequel vous me* « *demandiez de brûler vos lettres. Pourquoi me disiez-vous cela ?* « *N'aviez-vous réellement pas confiance en moi et me supposiez-* « *vous capable d'abuser de ces quelques billets, écrits à la hâte et* « *bien peu compromettants en vérité* ».

« *Voilà les réflexions que je fis à cette époque ; je pensais* « *avoir droit à votre absolue confiance. D'après ma conduite* « *envers vous, conduite qui, j'ose le dire, a été loyale à tous égards*»

« *Il était donc inutile de me fuir, car si vous aviez attendu* « *quelques jours de plus, j'aurais certainement obtenu de vos* « *parents, votre maintien à la maison paternelle et c'eût été* « *un bien pour vous et pour moi un bien grand bonheur* ».

« *Que pouvait-il donc vous arriver de si terrible ici et croyiez* « *vous être à l'abri de la calomnie parce que vous êtes partie ? je* « *suis persuadé du contraire, quoique je n'ai jamais rien entendu* « *Il est vrai que devant moi on aurait évité de parler de vous, car* « *personne ne doit ignorer ici que je vous aimais, surtout lors de* « *mon retour où mes yeux disaient assez ce qu'éprouvait le* « *cœur* ».

*« Je vais retourner à Limoges dans quelques jours; y per-
« drai-je votre souvenir? j'espère que non, car j'aime tout ce qui
« me vient de vous, bon ou mauvais; je me rappellerai toujours celle
« que j'appelais autrefois, il y a bien longtemps hélas? ma
« Laure chérie et qui ne veut plus être à moi, puisqu'elle me dit
« toujours adieu et jamais au revoir.*

« En attendant, je vous garde mon cœur tout entier ».

X***

Je me promis de lui répondre, j'eus l'impression de le faire à un moment précis et je lui écrivis une grande lettre de douze pages. Je lui disais, entre autres choses, que je désirais bien le revoir, mais qu'il ne fît en cela, que ce que son cœur lui dicterait. Il me répondit qu'il en avait le plus grand désir, mais qu'il ne viendrait pas sans avoir l'entier acquiescement de ma mère. Il me disait : Fixez vous-même le jour où je devrai venir.

Nous convinsmes d'une époque. Ce fut quinze jours plus tard. En m'annonçant son arrivée, il me disait : « J'apprends que je viens d'être nommé lieutenant au « 4e hussard et je vais quitter Limoges. »

Il vint donc nous faire ses adieux ; il rendit en même temps visite à la femme d'un officier, qui lui fit part d'une nouvelle loi qui simplifiait les formalités quant à la dot. Il revint à la maison la figure toute changée et me fit part de ce que M. B* lui avait dit.

Ceci nous mit un peu d'espoir dans l'âme et quand il fut parti nous échangeâmes une volumineuse correspondance et après bien des débats nous convinsmes de remplir les formalités nécessaires du mariage. On fit dresser un projet de contrat, M. X* écrivit à M. D*, maire de Magnac, pour lui demander la pièce nécessaire pour les renseignements que demande l'autorité militaire.

Il lui écrivit plusieurs lettres pour le détourner de son projet lui disant : qu'en qualité d'ami, il l'engageait à ne pas persévérer dans ce mariage qui ne lui apporterait que des déceptions. M. X. n'ayant pas tenu compte de ses conseils, il lui écrivit que, quand l'autorité militaire lui ferait l'honneur de lui demander des renseignements, il les transmettrait en son âme et conscience.

En effet, quand l'autorité militaire s'adressa à lui, il envoya au colonel, une pièce confidentielle qui était bien le plus parfait tissus d'infamie que l'on puisse imaginer. Au reçu de cette pièce, le colonel fit appeler M. X. et lui transmit les renseignements qu'il avait reçus. Immédiatement il écrivit à ma mère, lui répétant mot à mot toutes les calomnies formulées contre nous.

Je fus anéantie par ce coup, mais je résolus de me défendre.

Je partis immédiatement pour Limoges avec ma mère ; le préfet de la Haute-Vienne qui était alors

M. Lemyre de Vilers, nous reçut et lui ayant expliqué notre affaire, il me dit ces paroles que je copie textuellement : « Votre cause m'est d'autant plus sacrée, « qu'elle est celle de la veuve et de l'orphelin; j'ai très « bien connu votre père, Mademoiselle, je sais que « c'était un parfait honnête homme. Quant à vous, je « ne vous connais pas, mais si j'avais des rensei- « gnements à donner sur votre compte, en vous « voyant je les donnerais bons. Que le colonel me « saisisse et j'agirai. »

Ici, se placent trois lettres du colonel que je transcris ayant l'original entre les mains.

Nancy, le 12 Décembre 1876

Madame,

« J'ai l'honneur de vous faire connaître que j'ai adressé à « M. le Préfet de la Haute-Vienne, votre lettre avec le certificat « du maire Magnac-Laval, j'ai prié M. le Préfet de faire une « enquête sur les renseigements fournis par M. le Maire de « Magnac, ainsi qu'il vous en a exprimé l'intention, aux termes « de la lettre que vous m'avez fait l'honneur de m écrire ».

« Veuillez agréer, Madame, l'assurance de ma considé- « ration la plus distinguée.

PH. BOVIEUX

COLONEL DU 4e HUSSARD.

Nancy, le 29 Décembre 1876

Mademoiselle,

« *J'ai reçu votre lettre du 26 décembre et j'ai pris en consi-*
« *dération les légitimes observations qu'elle contient* ».

« *M. le Préfet de la Haute-Vienne, a fait sur ma demande*
« *une enquête sur les allégations contenues dans la pièce officielle*
« *vous concernant que m'a adressée M. le Maire de Magnac. Il*
« *résulte de cette enquête que le certificat, délivré par le Maire à*
« *l'autorité militaire, est non seulement erroné, mais encore*
« *diffamatoire* ».

« *Je le considère donc désormais comme n'ayant aucune*
« *valeur* ».

M. le lieutenant X. est rentré de permission depuis deux jours :
« *je l'ai fait appeler hier chez moi, où je lui ai donné connais-*
« *naissance du resultat de l'enquête faite par M. le Préfet de la*
« *Haute-Vienne. Je lui ai dit en même temps qu'en présence des*
« *nouveaux renseignements qui resultaient de cette enquête, je lui*
« *accordais bien volontiers mon consentement à son mariage avec*
« *vous, et que je transmettrais en l'appuyant, la demande qu'il*
« *m'adresserait en ce sens. M. X** m'a répondu qu'il était*
« *convaincu, même avant l'enquête de M. le Préfet, de la faus-*
« *seté des allégations de M. le Maire de Magnac qu'il n'avait*
« *jamais douté de l'honorabilité de votre famille ; de l'intégrité de*
« *votre réputation et de la situation de votre fortune, mais qu'il*
« *maintenait son refus de contracter le mariage projeté* ».

« *Comme je n'avais ni le droit, ni la mission de faire revenir*
« *M. X** sur sa décision, je me suis borné à lui dire que si après*
« *de nouvelles réflexions il croyait devoir m'adresser une demande*

« *pour être autorisé à se marier avec vous, je me me ferais un* « *devoir de la transmettre* ».

« *J'ai l'honneur d'être avec un profond respect, made-* « *moiselle, votre très obéissant serviteur,*

PH. BOVIEUX
COLONEL AU 4e HUSSARD,

Nancy, le 15 Février

Mademoiselle,

« *J'ai reçu votre première lettre du 9 Février et votre seconde* « *lettre du 13 Février. J'ai fait appeler M. X**, je lui ai renou-* « *velé l'assurance que non seulement j'étais tout disposé à* « *accueillir la demande en mariage qu'il m'adressait, mais* « *encore que je considérais cette union avec vous, comme parfai-* « *tement honorable. M. X** reconnaît comme moi, que vous et* « *votre famille, avez été victime d'une ignoble diffamation et que* « *l'enquête de M. le Préfet de la Haute-Vienne vous a intégra-* « *lement réhabilitées, mais il ne peut accepter cette parenté, éloi-* « *gnée il est vrai, mais qui a été malheureusement ébruitée par* « *la diffamation du maire de Magnac. Personne au régiment,* « *sauf l'officier payeur, n'a connaissance des calomnies du maire* « *de Magnac, et j'ai eu soin de faire connaître à cet officier, le* « *résultat de l'enquête ordonnée par M. le Préfet de la Haute-* « *Vienne. Je ne sais si M. X** reviendra sur sa décision. Quoi-* « *qu'il en soit, je suis toujours disposé à accueillir favorablement* « *la demande qu'il m'adressera pour contracter mariage avec* « *vous* ».

« *Veuillez agréer, Mademoiselle, l'assurance du profond* « *respect avec lequel j'ai l'honneur d'être votre très obéissant* « *serviteur,* »

PH. BOVIEUX
COLONEL AU 4e HUSSARD.

CHAPITRE III

15 Novembre 1892.

Ce que fut mon existence après tous ces coups répétés, on le devinera aisément. Je continuai la vie toute de dévotion que j'avais menée à Brest. J'eus à ce moment-là pour directeur, un vicaire de Magnac, M. l'abbé Larue à qui j'avais raconté tout ce que j'éprouvai à Brest. Il me porta le plus vif intérêt et il s'établit entre nous une communication d'idées à peu près identiques, il crut qu'il se passait en moi quelque chose d'extraordinaire. J'eus à cette époque entre les mains un petit livre intitulé : *Abandon à la Providence Divine.* J'y trouvai comme le secret de tout ce qui se passait en moi et j'avoue que j'y puisai de puissantes consolations.

Ici je reviendrai un peu en arrière pour faire la narration d'un fait qui eut dans ma vie une importance des plus considérable.

Les soirées étaient encore belles et nous les passions

le plus souvent avec Mme D* sous un gros arbre du jardin. Un officier qui habitait la maison venait parfois nous y trouver ; j'avoue ici que nous nous amusions quelque peu à ses dépens. Il répandait autour de lui une odeur des plus suaves ; il se parfumait au Labin. Un jour, lui ayant fait compliment sur sa bonne odeur, il m'offrit un flacon de son parfum favori. Il me fit quelque peu la cour et s'imagina tout naturellement que je devais me marier avec lui. Il commençait déjà à me dire qu'aussitôt que nous serions mariés, il m'empêcherait d'aller me confesser, etc.

Je m'amusai quelque peu de toutes ces paroles et ne le prit nullement au sérieux. Pourtant, j'étais à ce moment-là si malheureuse et tellement confiante en Dieu, qu'un soir : je me vois encore agenouillée au pied de mon lit, je dis à Dieu dans toute la simplicité de mon âme : « Mon Dieu, si c'est votre volonté, je suis « prête à vous obéir, mais dites-le moi ». La nuit j'eus une vision ; je me reconnus distinctement et je vis la personne que le bon Dieu me destinait.

Le lendemain je me levai avec une confiance sans bornes et si l'on veut savoir le secret de mon courage, de ma persévérance dans cette voie qui fut comme le but de ma vie, on le trouvera dans cet événement dont je conservai la mémoire au plus profond de mon cœur. Il y a de cela 17 ans, ma confiance est restée ce qu'elle était au premier jour, c'est-à-dire sans bornes.

CHAPITRE IV

Je restai encore quelque temps à Magnac, je fis un voyage à Paris, à l'époque de l'Exposition de 1878 ; j'étais descendue chez un de mes cousins qui était nouvellement marié. On m'engagea vivement à venir me fixer à Paris. Ma mère qui ne demandait pas mieux que d'être seule, y consentit facilement et vers le commencement de 1879, je vins m'installer provisoirement chez mes cousins jusqu'au moment où je pus prendre possession d'une modeste chambre que j'avais louée place des Vosges. Là, je restai quelques mois à attendre une position qui ne venait pas vite ; enfin j'entrai chez une marchande de fleurs et plumes aux modestes appointements de 30 francs par mois. J'y restai deux mois et demi et fis connaissance d'une personne qui travaillait dans les broderies pour modes. Sachant que j'étais d'une famille aisée, elle devina en moi une proie et me fit des offres magnifiques. Moi, qui étais très naïve et qui ne connaissait encore rien de ces existences parisiennes de petits commerçants, je me laissai convaincre et j'entrai chez elle aux appointements de 50 francs par mois. Ma mère m'avait donné pour m'intaller à Paris une petite somme d'argent sur laquelle j'avais prélevé environ 300 francs pour compléter l'ameublement de ma chambre. Le reste, je l'avais placé en rentes sur l'état et mon avide patronne ayant appris cela, ne tarda pas beaucoup à m'arracher cette petite somme, qui était mangée au bout de deux jours; j'ajoute que depuis, je ne revis jamais mon argent. Enfin ce fut comme le paiement de mon apprentissage. Je restai cinq mois et demi chez elle et au mois de mai 1880, j'allai faire mes offres de service dans une maison que je connaissais. On me fit de suite des commandes. Je fis à ce moment-là connaissance d'une dame qui habitait rue Montmartre, étant plus à portée pour mon commerce, je m'associai avec elle. Nous apportions comme capital, la modeste somme de 100 francs, je n'aurais pour rien au monde demandé à ma mère de l'argent, ne m'étant pas vantée de l'exploitation dont j'avais été victime. Je restai quatre mois avec cette dame, en nous séparant, nous fîmes nos comptes, je lui laissai 400 francs de bénéfices nets. J'avais loué à ce moment-là un petit appartement rue Feydeau, je continuai à travailler et je trouve sur mes livres: Bénéfices nets des trois premiers mois, 779 francs. Ce n'était pas l'opulence, c'était le nécessaire. Je restai là encore quelques mois, puis je vins habiter boulevard

Magenta, ma position devint meilleure.

Sur ces entrefaites, je fus rappelée à Magnac par la mort de ma mère, je rendis les derniers devoirs à cette pauvre mère, réglai mes affaires et revins à Paris, toute heureuse de me retrouver chez moi.

Je quittai mon appartement pour en prendre un plus grand et je vins me fixer rue Ambroise-Paré.

CHAPITRE V

18 Janvier 1893

Là se termine la première partie de mes mémoires. Les documents qui sont nécessaires à la continuation de mon récit, ne sont pas entre mes mains. J'entretiens depuis plus de deux mois une polémique où j'ai en vain épuisé toutes les ressources de mon esprit. Ils sont brûlés, paraît-il, il me faudra donc attendre que les évènements les fassent sortir de leurs cendres. Je quitterai donc pour un temps le chapitre des vicissitudes humaines pour m'occuper d'un sujet moins sérieux, où l'on trouve moins de déceptions que dans le commerce des hommes: Je veux parler de celui des animaux.

*
* *

Dès ma plus tendre jeunesse j'éprouvais une affection toute particulière pour toutes les bêtes charmantes qui m'entouraient.

Mon âme toute naïve et toute simple sentant sans doute le besoin de s'épancher : J'adressais à Médor, mon plus ancien ami, tout ce que mon esprit et mon cœur renfermaient de tendresse pour lui. Je passais des heures entières à causer avec ce brave animal; on s'étonnait de m'entendre parler si longtemps et l'on était quelque peu surpris de me trouver en tête-à-tête avec Médor.

Mon père m'avait surnommée : *la Providence des Animaux*. Ce nom me convenait à merveille car autour de moi, aucuns n'étaient malheureux. Ils avaient : soins, tendresse, bonne nourriture, un lit bien chaud pour l'hiver, un poil bien entretenu pour l'été et ils me rendaient en reconnaissance tout ce que je faisais pour eux.

HISTOIRE DE MÉDOR

Médor était un bel épagneul noir et blanc qui fut donné à mon père, je ne sais plus trop par qui. Il avait des instincts quelque peu sauvages. Un jour mon père ayant voulu lui ôter un lapin mort, il se précipita sur lui et le mordit grièvement. Pour punition de son crime il reçut une de ces corrections qui marquent dans la vie d'un chien. A partir de ce moment, il fut le plus docile des animaux et pendant quinze ans que dura son existence, il fut un modèle de toutes les vertus.

Médor avait pour mission spéciale de me conduire en classe, il se chargeait de ce soin avec un zèle au-dessus de tout éloge, il ne me quittait qu'après avoir vu la porte du couvent se refermer sur moi. Un jour un gamin m'ayant bousculée dans la rue, il se jeta sur lui et lui fit payer cher sa maladresse. A midi, il venait avec Fanchette m'apporter mon déjeuner ; il y avait bien une quinzaine de chats au couvent, il mettait en fuite tout ceux qu'il rencontrait sur sa route. Quand Médor avait rempli sa mission, il revenait au collège, entrant dans telle ou telle classe qu'il trouvait ouverte et assistait aux cours des professeurs comme le plus assidu des écoliers. Il connaissait le jeudi et le dimanche à ne jamais se tromper. Ce jour-là il ne déjeunait pas de peur d'être enfermé dans la cuisine au moment de partir pour la promenade.

Comme le dimanche on allait à Vêpres, on usait de tous les moyens pour l'empêcher d'aller à l'église. On l'enfermait soit dans la cuisine, soit dans la chambre de mon père. Un jour pour se venger de Fanchette qui l'avait enfermé, il lui mit sa mante en pièces ; une autre fois, c'était une chemise de mon père, qui l'avait enfermé dans son cabinet, qu'il réduisit en lanières.

Quand on l'enfermait dans les cours, il franchissait

les murailles, traversait la rivière et se rendait triomphalement à l'église. Mon père était désolé et en faisait ses excuses à M. le Curé. Que voulez-vous, M. Normand lui disait-il, ce pauvre chien ne fait pas de scandale, qu'il se mette dans un coin, qu'on le voie le moins possible. Un jour le bedeau voulut le renvoyer, il faillit le dévorer ; il fallut donc tolérer Médor.

Médor, après avoir suivi pendant plusieurs années tous les cours du collège, se sentit sans doute suffisamment préparé, il songea à passer les examens du baccalauréat. Un certain nombre d'élèves du collège partaient pour Poitiers à l'effet de subir leurs examens. Médor suivit la voiture publique et arriva en même temps qu'eux à la Faculté. L'appariteur voulut le chasser il fit comme avec le bedeau de Magnac et là comme ailleurs, il fallut tolérer Médor. A l'hôtel, il partagea l'ordinaire des élèves, et une fois l'examen passé, (l'histoire ne rapporte pas s'il avait en poche son diplôme de bachelier) il ne s'attarda pas à fêter son succès, il partit en toute hâte pour Magnac, dans le but sans doute de rassurer ses maîtres. En effet, tout le monde était dans l'inquiétude. Où était passé Médor ? On ne dormait plus, on ne mangeait pas davantage et je devais verser des larmes bien amères sur la disparition de mon fidèle ami.

Enfin, un matin à six heures, on sonnait à la porte du collège, c'était Médor. Le portier ébahi le conduisit chez mon père qui était au lit, il lui fit mille caresses. D'où viens-tu, mon pauvre Médor, s'écria mon père. Il raconta que quelqu'un l'ayant rudoyé à l'hôtel, il partit le soir, fit son voyage de Poitiers à Magnac, (il y avait vingt-deux lieues) et qu'il arrivait enfin pour rassurer tout le monde sur son compte. Ce fut grande joie à la maison, toutes les larmes furent séchées et à partir de ce jour, Médor put jouir en paix de ses succès universitaires.

Le dimanche et le jeudi, nous faisions des parties interminables. Notre grand amusement était de prendre un bâton que Médor tenait dans sa gueule, moi dans ma main et nous franchissions à fond de train la distance qui séparait la cuisine de la rivière. Cet obstacle seul nous arrêtait. Pour ne pas fatiguer Médor, je me mettais à son pas et je galoppais comme lui.

Un jour, une de mes amies s'amusait avec moi, la petite Marie eût l'air de mettre la main sur moi, Médor crut qu'elle voulait me battre, il lui fit de terribles morsures à la partie charnue de son individu. J'avais là, un protecteur sans pareil. Aussi je lui passais toutes sortes de fredaines. Il aimait beaucoup les œufs à la coque ; Fanchette lui faisait une guerre acharnée pour cela.

Je le voyais souvent de ma fenêtre sortir furtivement du poulailler avec quelque chose dans sa gueule, il s'en allait au fond des cours sur le gazon, posait délicatement son œuf et faisant un trou d'un coup de dent il mangeait son œuf à la coque aussi proprement qu'eût pu le faire le personnage le mieux élevé.

Il était d'un naturel prévoyant, il savait que le vendredi on ne mangeait pas de viande, il faisait ses provisions d'os pour ce jour-là. Il allait les cacher dans le jardin, au fond d'un trou qu'il faisait lui-même et qu'il recouvrait avec précaution. En carême, il redoublait d'ardeur, car il savait bien que ma mère ne permettait à personne de manger de la viande les jours défendus.

Le Vendredi-Saint, tout le monde jeûnait, même les animaux et personne ne se plaignait.

A Magnac, Médor était connu comme le loup blanc, s'il arrivait à un chien de commettre quelque méfait, voire même de manger un rôti de trois livres, on venait le réclamer à mon père qui payait sans compter ; ma mère se récriait et demandait des preuves, on avait vu Médor qui se léchait en passant dans la rue, donc c'était Médor.

Ce pauvre chien devint vieux, il était sourd, avait des douleurs, mais il avait toujours la même fidélité pour ses maîtres. Un jour, il revint plus malade qu'à l'ordinaire, tout le monde était dans l'inquiétude, on l'avait étendu sur une couverture, on lui parlait, il agitait sa queue et nous regardait avec des yeux navrés. On ne savait que lui faire ; enfin, on eut l'inspiration de lui donner du lait. On acquit la certitude que Médor avait été empoisonné avec du phosphore par quelqu'un sans doute qui en voulait à mon pére.

A Magnac, quand on en voulait aux gens, on battait leur chien.

Ce fut ainsi que nous perdîmes notre pauvre Mèdor, il fut enterré dans un coin du jardin et bien longtemps on a conservé sa mémoire.

HISTOIRE DES CHATS

Nous avions à la même époque trois chats : Radis, Cimette et la Bonne Mére. Il va sans dire, que c'était moi qui donnait tous les noms ; à n'importe lequel ils savaient répondre. Il m'arrivait quelquefois, en entrant à la cuisine, de dire : les gens qui ont des gueules et des queues, où sont-ils. Immédiatement tous les animaux arrivaient quels qu ils fussent.

Radis était un gros matou fort doux, mais vagabond à l'excés, il restait des mois entiers sans paraître à la maison, vivant sans doute, de vol et de rapine. Quand il reparaissait, c'était pour commettre quelque méfait ; aussi Fanchette était son ennemie mortelle.

Un soir, en rentrant, ma sœur et moi, nous trouvons Radis pendu à la porte de la cuisine, nous arrivâmes assez à temps pour couper la corde et Radis fut sauvé encore une fois.

*
* *

Cimette et la Bonne mère étaient des chattes modèles. Elles avaient généralement des petits aux mêmes époques et quand la fille voulait aller faire la belle jambe, la bonne mère restait à la maison et donnait à têter à ses petits enfants. La fille étant plus belle que la mère, on jetait les petits de la bonne mère et l'on en gardait un ou deux à Cimette.

Le plus souvent, elles faisaient leurs petits dans une grande marmite abandonnée d'un fourneau qui ne servait plus. Là, on venait les admirer et mon père disait : Quel dommage de détruire ces petits animaux.

Quand nos chiennes avaient huit ou dix petits, mon père les eut gardés volontiers, ma mère n'entendait pas de cette oreille et bien heureux quand on pouvait en garder un ou deux.

La bonne mère mourut sans doute de vieillesse ; quant à la pauvre Cimette, elle resta au collège quand nous l'eûmes quitté. Deux ans après, ma mère et moi, ayant été visiter la femme du dernier principal, j'appelai Cimette et je vis arriver la pauvre bête du fond de la cave, me faisant mille amitiés et n'ayant oublié, ni son nom, ni la voix qui l'avait si souvent prononcé.

Elle finit sans doute misérablement, quand la pioche des démolisseurs fit du collège une caserne et l'on n'entendit plus jamais parler de Cimette.

HISTOIRE DE DIANE

La place de Médor fut quelque temps vide. On nous fit présent d'une jolie petite bête, dont la mère était une levrette et le pére sans doute un chien de chasse, car elle tenait des deux. Elle était d'un brun foncé, l'extrémité des pattes était blanche, le museau et le bout de la queue de même couleur.

C'était une merveille et tous les habitants de la maison venaient l'admirer, Aussi, elle fut gâtée et l'on ne savait quels soins prendre d'elle. Quand il faisait mauvais temps, il fallait la porter pour qu'elle ne salisse pas ses belles pattes blanches.

La nuit, elle couchait sur un bon lit et quand elle voulait sortir, il fallait se lever pour lui ouvrir la porte, se relever pour lui remettre son édredon qu'elle renversait par terre, car elle pleurait jusqu'à ce qu'elle fut recouverte. Elle avait pour mission de porter les dépêches à mon père et les torchons à Fanchette. Mon père lui disait : Va chez les maîtresses chercher ta récompense ; elle n'y manquait pas. Fanchette n'était souvent pas plus généreuse, elle revenait dans notre chambre chercher son morceau de sucre ou son bonbon. A l'époque du jour de l'an, elle était sans cesse devant le secrétaire où étaient serrés les bonbons et combien en a-t-elle mangés !

Diane était la propriété exclusive de ma sœur et quand on lui faisait compliment sur la beauté de sa chienne, elle s'attendrissait comme elle le fit sans doute plus tard, quand on lui disait que ses enfants étaient beaux.

Un jour, nous allions en compagnie de Diane, conduire la petite Marie qui partait pour Paris. Le sifflet du chemin de fer lui ayant fait peur, nous la prîmes dans nos bras pour la contenir. Le mécanicien du chemin de fer, témoin de cette petite scène, nous fit signe que nous pouvions la laisser libre. Au même instant, il donna un coup de sifflet si prolongé, que Diane prise d'une panique sans nom, franchit la voie, gagna la campagne et toutes nos tentatives pour la retrouver restèrent sans résultat. De guerre lasse, nous reprîmes tristement le chemin de Magnac. L'après-midi, n'y pouvant plus tenir je repris avec une bonne le chemin de Droux-Bellac et là, par monts et par vaux, nous réclamions Diane, mais en vain. Enfin, je revins encore l'oreille basse, avec mes vingt-huit kilomètres dans les jambes. Le sommeil avait fuit de ma paupière ; je me représentais Diane mourant de faim, couchant à la belle étoile, traquée peut-être par les gens de la campagne, qui voient partout des chiens enragés.

On s'informa de tous côtés, on fit battre le tambour dans toutes les communes environnantes ; enfin, la Providence nous prit en pitié. On apprit qu'un petit chien avait suivi de braves paysans qui revenaient de la foire du Dorat et qui demeuraient à un domaine qu'on appelait les Baos-Charreaux. Toute la famille partit en découverte et quelle ne fut pas notre joie de voir Diane qui se précipita sur nous, avec tous les transports d'une joie sans mélange. Nous remerciâmes ces bons paysans et le retour de Diane à la maison, fut salué de tous les transports imaginables.

Après son mariage, ma sœur voulut avoir sa chienne, on l'expédia à Pontivy. On aimait beaucoup Diane, mais à la naissance de Ferdinand, elle fut quelque peu délaissée, puis elle devint malade et ne pouvant la guérir, mon beau-frère fut obligé de la faire abattre.

HISTOIRE DE FINETTE

Diane laissait une fille qui fut nommée Finette, ce fut naturellement mon bien et cette petite bête s'éprit pour moi d'une affection sans bornes. Elle était moins jolie que sa mère, mais propre et luisante et les gens de la campagne disaient en la voyant passer : *Vé donc, queu chi, on dirait quéu couche au lit.* On ne se trompait pas. Elle eut, comme sa mère, les mêmes soins et les mêmes privilèges, elle partageait son amour entre son vieux maître et sa jeune maîtresse, elle suivait mon père partout, mais n'aimait pas ma mère. Quand on lui disait : Va te promener avec ta vieille maîtresse, elle ne bougeait pas, elle avait sans doute comme un pressentiment de ce qui allait lui arriver.

Ce fut à ce moment-là que je partis pour Brest, ma mère prétendit qu'elle fatiguait mon père ; n'ayant plus que lui, elle était sans cesse à ses côtés et quand mon père lui disait : Où est-elle, la chère Laure ? Elle montait dans ma chambre, cherchait dans toute la maison et revenait l'oreille basse, semblant dire : elle n'est plus là.

Un militaire partait pour la Haute-Marne, ma mére paya le voyage de Finette et je ne la revis plus.

Quand je revins de là-bas, mon esprit et mon cœur étaient trop pleins d'autres sentiments pour que je ressentisse autant la perte de Finette. En d'autres temps, j'aurais pris le chemin de la Haute-Marne pour aller chercher ma chienne. A ce moment-là, j'avais tout perdu, mon âme ne tenait plus à la terre que par de misérables liens, elle était toute en Dieu et toutes les choses de la terre m'étaient indifférentes. A partir de ce moment, je n'eus plus d'animaux à moi. Mais ceux qui m'entouraient ne faisaient que d'allumer mes anciens penchants.

Un petit chien boule, qui appartenait à un locataire de ma mère, s'éprit pour moi d'une tendre affection et je la lui rendis tout naturellement. Il vivait de la nourriture du soldat, mangeant la soupe et le bœuf: le jeudi jour du *rata*, il ne mangeait pas. Ce mets délicieux qui fait le régal du soldat, ne trouvait pas grâce devant le chien boule, je le comprends, du reste. C'était un affreux mélange de pommes de terre, de haricots, de macaroni, le tout assaisonné de quelques mauvais morceaux de mouton, qui, une fois refroidis, faisaient un mélange dont un chien même ne voulait pas. Ce jour-là je pourvoyais aux besoins de mon chien d'adoption et les autres jours souvent aussi. Il aimait beaucoup porter les paniers et nous allions souvent ensemble donner à manger aux lapins. Il en apprit si bien le chemin, qu'un beau jour, il y alla tout seul. Je vis arriver ma mère levant les bras au ciel et donnant tous les signes du plus violent désespoir : ah ! Laure, Laure, si tu savais. Voyant ma mère saine et sauve, je me demandais quel malheur pouvait bien la menacer, quand elle me dit, levant toujours les bras au ciel : Quand tu penses que ce misérable chien a étranglé tous nos lapins. Je me transportai sur les lieux du carnage et je vis en effet tous les lapins gisant morts de tous côtés. On se plaignit au maître du chien et je le vois encore lui distribuant une volée de coups de cravache qui tombaient plus cruellement sur mon cœur que sur les côtes du pauvre chien

A partir de ce jour, il oublia la demeure des lapins. Quand je lui disais de venir avec moi, il semblait me dire : je les connais les lapins, je suis payé pour m'en souvenir. Le maître partit, le chien de même ; me voilà encore sans animaux. Le désespoir me prit, je me mis en route pour Paris.

Dans cette ville où l'on trouve de tout, aurai-je enfin la satisfaction de trouver un animal digne de moi.

La Providence, prise de pitié pour mon isolement, m'envoya en effet un compagnon digne de toutes mes affections.

HISTOIRE D'ACHILLE

C'était un magnifique chat angora qui me fut donné alors qu'il n'était pas plus gros que le poing. Il fut nommé Achille. Je vais donner ici l'éthimologie de ce nom.

Je lisais à ce moment-là un feuilleton du *Petit Journal* qui racontait toutes sortes d'histoires de brigands ; l'un deux se nommait Cuchillo, j'appelai d'abord mon chat Cuchillo, puis Chichille, enfin Achille. Il n'avait pourtant rien de commun avec ce guerrier fameux, il était d'une humeur fort douce et très peu guerrière. Je l'élevai avec tous les soins imaginables et quand je commençai ma modeste vie d'employée, je fus obligée d'abandonner mon chat au hasard de la vie parisienne. Il fit connaissance d'une coquette qui venait le relancer jusque chez moi, d'abord j'ignorai tout cela, enfin un jour, je fus témoin d'une scène avec un rival, un affreux matou qui, non content de lui prendre sa femme, venait encore lui manger sa pâtée. Quand j'étais là, je mettais le rival en fuite... à grands coups de balai.

Enfin, des enfants naquirent ; Achille eut-il le sentiment de son infortune conjugale, toujours est-il qu'il ne voulut pas regarder ses enfants. Touchée des malheurs de mon chat, je songeai à quitter cette maison. C'est alors que je louai mon modeste logement de la rue Feydeau. Là, on me demanda si je n'avais ni chien, ni chat, je mentis effrontément et on verra plus tard quelles furent les conséquences de mon mensonge.

J'amenai donc Achille avec précaution pour tromper la vigilance de mon concierge. Tout alla bien pour un temps, mais voilà qu'un jour, mon chat pris de peur trouva moyen de se sauver par une petite fenêtre, grimpa de pierre en pierre et gagna les toits. Qu'on juge de ma stupeur, je fis tout pour rattraper mon chat il était introuvable. Des couvreurs envoyés par la Providence, apparurent sur le toit; je leur dis que j'avais perdu mon chat et je fis briller à leurs yeux une magnifique récompense. Ces braves gens se mirent en quête de chercher partout, ils allèrent jusque sur la maison voisine et ayant fait mine d'entrer dans une mansarde dont la fenêtre était ouverte, deux vieilles femmes qui habitaient cette chambre, se mirent à crier : au voleur. On descendit chez le concierge, tout s'expliqua et on vint porter plainte dans ma maison. Mon concierge me fit une scène épouvantable, disant que je l'avais trompé en introduisant un chat dans sa maison, enfin ce fut une aventure terrible.Deux jours se passèrent ainsi. Un soir, en rentrant chez moi, j'eus l'idée de dire : Mon petit enfant, es-tu là. Il y avait une galerie vitrée au-dessus de l'escalier, j'entendis une voix lamentable qui me répondit. Mais que faire ? je ne dormis pas de la nuit. Enfin, le matin, j'eus l'idée de monter à l'étage supérieur et aidée d'une jeune fille qui était employée chez moi, je montai sur une chaise et mon corps presque tout entier dans le vide, j'appelai mon chat qui accourut à ma voix. Le saisir par la peau du cou et le descendre sur ma tête, fut l'affaire d'un instant et je rentrai sans accident avec mon précieux fardeau. Dire la joie de ce pauvre animal est chose difficile, ce fut un échange de tendresse et nous pûmes jouir à l'aise du bonheur de nous retrouver.

Cette sécurité ne devait pas durer longtemps. Un jour, m'étant absentée pour un instant, Achille trouva moyen de s'échapper par une petite fenêtre qui donnait sur le corridor. Se trompant d'étage, il entra chez un tailleur qui demeurait au-dessous de moi. C'était un dimanche, mon bonhomme partit en villégiature, laissant mon chat enfermé chez lui.

Quand je rentrai, j'appris toute l'histoire, la fenêtre était ouverte, j'entendais les appels désespérés de mon chat. Je mis tout en œuvre pour le délivrer ; je descendis un panier au bout d'une corde, des draps de lit, ce fut en vain.

Achille poussait toujours des cris lamentables. Tout

le monde était aux fenêtres, mon concierge m'insultait, disant que je causais du scandale. Au lieu d'aller passer la journée chez mes cousins, je restai là à essayer en vain d'opérer le sauvetage de mon chat et à entendre les invectives de mon concierge.

Cet affreux tailleur ne rentra qu'à minuit pour mettre fin au supplice de mon chat et au mien.

Ma situation dans cette maison devint critique, je pris un parti héroïque, je fis appeler un homme de l'art et mon pauvre Achille ne fut bientôt plus bon qu'à garder les portes d'un sérail.

M. Finot, mon concierge, avait à côté de moi, une chambre d'amis qui n'était séparée de la mienne, que par un placard. Achille ayant sans doute compris qu'il s'était offert cette chambre à nos dépens, chaque fois qu'il trouvait la fenêtre ouverte, il allait se coucher sur son lit. De là de nouvelles plaintes. Enfin, la situation n'étant plus tenable, je songeai à quitter ce vieux cerbère et je m'acheminai boulevard Magenta. Là, nous avions d'excellents concierges et Achille n'ayant plus rien à démêler avec le beau sexe, une ère de prospérité s'ouvrit pour nous.

Nous étions tout entiers à nos occupations et le soir nous faisions de longues conversations intimes : Vous devez m'entendre causer avec mon chat, disais-je à mes voisins. Mais oui, me répondaient-ils. On comprenait ma situation, n'ayant que lui, il fallait bien causer avec quelqu'un. Nous restâmes-là plusieurs années, enfin mon aisance augmentant, je songeai à offrir à mon chat un appartement plus digne de lui et j'allai m'installer rue Ambroise-Paré.

Là, j'acquis une certaine renommée à cause de mon chat. Une vieille dame, très aimable, qui habitait au-dessous de moi, me dit un jour : C'est vous, madame, qui êtes la maman du beau chat ? Je répondis avec orgueil : oui, madame. Une autre dame qui habitait à côté de moi, vit un jour Achille devant la porte et je l'entendis dire à sa petite fille : Oh ! le beau chat. Et la petite fille de répondre : Il s'appelle Achille.

Une autre fois, je montais l'escalier et j'entendis la même dame qui demeurait au-dessous de moi, dire à la petite fille : Qui monte là ? C'est la mère d'Achille.

J'avais plusieurs fenêtres qui donnaient sur la rue, mon chat allait se promener fréquemment tout le long de la maison. Un jour, j'entendis une autre de mes voisines dire à sa bonne : Oh ! Zulna, venez donc voir le beau chat. En même temps, Achille alla se poser sur une de ses fenêtres et y fit... des choses inénarrables. Je rentrai chez moi rouge de confusion, m'attendant à voir arriver Zulna porter plainte contre les inconvenances de mon chat. Cela ne manqua pas ; je me confondis en excuses, mais la même chose se répétait tous les jours. Enfin, j'eus l'heureuse inspiration de clouer une planche pour couper toute communication avec mes voisins et tout rentra dans l'ordre. J'avais à ce moment-là beaucoup d'oiseaux qui habitaient un magnifique pavillon chinois tout doré, surmonté d'une girouette et des quatre points cardinaux. Mes oiseaux rentraient, sortaient, faisaient bon ménage avec Achille, venaient se poser sur ma chaise. Ce modèle des chats ne leur disait rien.

Achille s'intéressait beaucoup à la prospérité de nos affaires. Quand je faisais mes livres et que je comptais mon argent, il prenait plaisir à pousser les pièces de monnaie avec sa patte. Je lui disais : C'est pour acheter de la pâtée. Il semblait me dire : nous avons de l'argent, nous sommes sûrs de ne jamais manquer de rien.

Il avait du reste des goûts raffinés, aimait le pâté de foie gras, le gibier, quant au poisson, il ne mangeait que des plus délicats. Son régal était le poulet, il mangeait toujours les meilleurs morceaux et j'avoue que j'avais plus de plaisir à les lui voir manger qu'à les manger moi-même.

Il partageait tout avec moi, mes joies, mes tristesses, quand j'étais de bonne humeur, que j'essayais devant lui certains pas de menuet, que je lui déclamais des lambeaux de tragédies, il me regardait avec épouvante et semblait se dire : décidément ma maîtresse devient folle.

Il était très impressionnable et rien que d'élever la voix, je le faisais trembler. Un jour, lui ayant parlé plus fort que d'habitude, il eut presque une syncope ; prise d'un amer désespoir, je lui demandai pardon à genoux et je jurai bien de ne plus recommencer. Je tins parole. Depuis ce jour, aucun nuage ne vint troubler notre félicité. Le soir, après dîner, quand nous étions en tête à tête, il venait poser ses pattes sur mon bras, sa tête sur ma poitrine et me regardant avec amour, il semblait me dire : sommes-nous heureux tous les deux. Mais cette félicité devait peu durer, Achille devint malade, le bien-être tue plus vite que les privations, il devint hydropique, sans doute ; le mal empirait tous les jours, je craignais même d'être obligée de le faire tuer. Son corps enflait de plus en plus. Un jour, m'étant absentée pour faire mes courses, je trouvai en rentrant mon pauvre chat plus malade que d'habitude. Il semblait qu'il m'attendit pour mourir ; je le vis étendu sur la table, je m'approchai de lui, il fit encore *ronron,* puis me regarda avec ses grands yeux tristes, d'où semblait s'échapper des larmes. Il eut un hoquet, ses pattes se raidirent, puis sa tête retomba inerte. Je venais de perdre ce fidèle ami, qui fut pendant dix ans le compagnon de ma solitude.

J'éprouvai un grand chagrin et quoi qu'en puissent dire les gens qui ne comprennent pas qu'on puisse aimer les bêtes, je leur dirai que j'aimais mon chat plus que moi-même.

Je me décidai à quitter cette maison, témoin de tous

mes chagrins. Je n'avais plus que mes oiseaux et je songeai à leur donner un plus grand bien-être. Ayant toujours eu envie d'avoir un grand balcon, je louai un grand appartement boulevard Magenta et je me retirai là, avec tout ce qui me restait de mes affections passées.

Je m'étais promis de ne jamais remplacer mon Achille, mais, telle est l'inconstance du cœur humain, je me laissai tenter et l'on me fit présent d'une petite chatte, que je possède depuis un an.

Elle a nom, Sah-Pitt. Elle naquit sur les bords de l'Oise, à Auvers. Ses maîtres étant venus chez moi, à l'époque de la Toussaint, elle coucha sans doute dehors, il faisait très froid et quand on me l'amena, elle souffrait d'une bronchite. Les bons soins que je lui donnai, refirent sa santé et j'entrepris son éducation.

Elle était voleuse et désobéissante; aujourd'hui c'est un modèle, elle comprend tout au premier mot. Sa gaieté est sans pareille, le théâtre de ses amusements est mon lit, je ne sais que faire pour protéger mes couvre-pieds. Enfin, la raison aidant, elle commence à revenir de ses erreurs. Dernièrement, je lui fis observer qu'ayant remis mon beau couvre-pieds, il ne fallait plus aller dessus. Que fit elle ? elle se mit dessous.

Une autre fois, je lui fis entendre que si elle faisait comme les grandes personnes, sa boîte serait plus propre. Le lendemain, j'entendis un glouglou significatif dans certain endroit que je ne nomme pas ; c'était ma chatte qui faisait *pipi* dans les cabinets. Qu'on juge de ce qu'elle promet pour l'avenir, alors que je l'ai seulement depuis un an et demi à peine.

Ici, se termine la première partie de mon récit. On comprendra peut-être que l'histoire de mes animaux est comme la suite et le développement de ma propre histoire.

Je pourrais m'égarer en une foule de raisons plus où moins philosophiques que m'a suggéré l'étude approfondie que j'ai faite sur l'âme des bêtes.

Je me bornerai à dire que tous les mauvais moments de mon existence, je les dois aux hommes ; tous les bons, je les dois aux animaux.

Le 21 Janvier 1893.

— FIN —

AVIS

Cet ouvrage, fort court, n'est que comme un exposé de faits appelés à être développés, plus tard, dans d'autres ouvrages qui vont le suivre de très près.

Il ne précède que de quelques jours, un travail plus important, qui n'a de moi, que la Notice Biographique d'un homme dont je vénère la mémoire. C'est, du reste, la seule chose que je puisse faire pour lui, puisqu'il n'existe plus.

Il est l'expression d'un sentiment bien cher à mon cœur, celui de rendre hommage à un homme de bien ; je veux parler de mon père.

L. N***

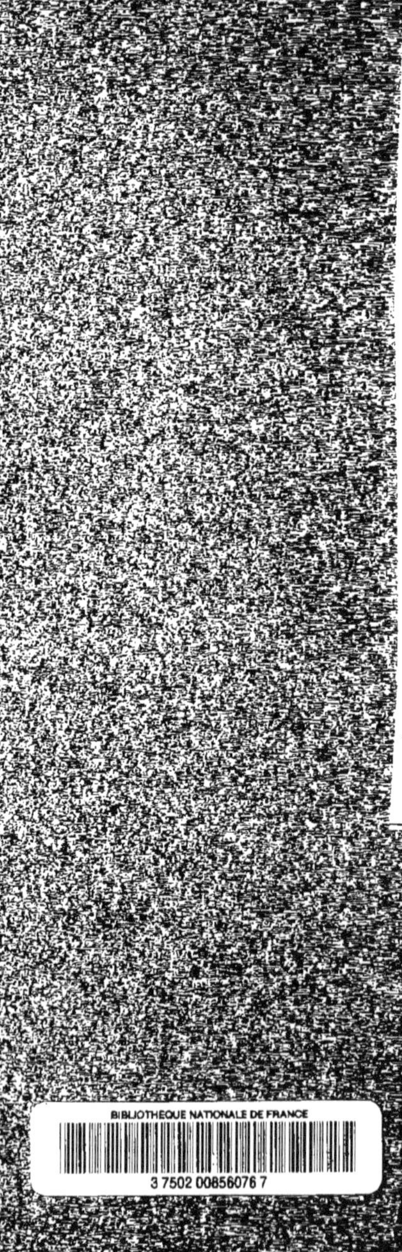

www.ingramcontent.com/pod-product-compliance
Ingram Content Group UK Ltd.
Pitfield, Milton Keynes, MK11 3LW, UK
UKHW012103240726
13965UKWH00004B/1513

9 782011 926487